톨스토이처럼
생각하고
행동하라

레프 톨스토이 지음 | 뿔글콘텐츠연구소 엮음

**행복한 삶을 위한
다섯 가지 질문**

톨스토이처럼 생각하고 행동하라

레프 톨스토이 지음 | 별글콘텐츠연구소 엮음

행복한 삶을 위한 다섯 가지 질문

별글
별처럼 빛나는 글

차례

01 • 가장 중요한 일은 무엇인가?

무엇을 할 것인가 011 | 정성과 마음 012 | 보이는 것 013 | 비록 하루라도 014 | 꼭 해야 할 일 015 | 제일 높은 곳 016 | 노동의 가치 017 | 새로운 일의 출발점 018 | 삶의 기본 원칙 019 | 불행한 사람 020 | 천직 021 | 선택 022 | 인생의 참의미 023 | 참된 길 024 | 전문가 025 | 현명한 사람이 되려면 026 | 아름다운 해답이란 027 | 행복하려면 028 | 일을 하는 것 029 | 게으름과 휴식 030 | 최선을 다하라 031 | 사소한 일은 없다 032 | 영혼 가꾸기 033 | 한 번 더 생각 034 | 존경해야 할 사람 035 | 참기와 참견 036 | 생활의 즐거움 037 | 해서는 안 될 일 038 | 목표와 꿈 039 | 탁월함 040 | 삶의 목적 041 | 스스로 042 | 후회 043 | 일과 만족 044 | 위대한 행동 045 | 거짓 이유 046 | 씨앗과 열매 047 | 도덕적인 법 048 | 지혜로운 사람 049 | 즐거움 050 | 필요 없는 일은 하지 마라 051 | 물건을 사용하기 전 052 | 꼭 필요한 사람 053 | 존경의 기준 054 | 고통을 대하는 방법 055 | 우리에게 주어진 삶 056 | 단순함 속에서 057 | 미덕 058 | 조용하고 눈에 띄지 않게 059

차례

02 • 사람은 무엇으로 사는가?

완성으로 가는 길 063 | 좋은 사람이 되려면 064 | 진리의 삶 065 | 세상에 보낸 뜻 066 | 삶에 필요한 지식 067 | 지성적 존재 068 | 항상 기뻐하라 069 | 유연하면서 강하게 070 | 가장 큰 걸림돌 071 | 참된 믿음 072 | 말 한마디 073 | 사색 074 | 선한 마음 075 | 진실한 생활 076 | 불필요한 지식 077 | 정신의 힘 078 | 이웃을 위해 079 | 서로 사랑 080 | 영혼에 깃든 사랑 081 | 가족 082 | 양심 083 | 불만 084 | 적게 그리고 많이 085 | 그게 쉬운 일이었다면 086 | 시간과 인내 087 | 내면의 완성 088 | 영혼을 위해 089 | 실수 090 | 착하게 사는 것 091 | 사랑의 그늘 아래 092 | 만족 093 | 두려워하지 않는 마음 094 | 단순한 삶 095 | 주의 깊게 096 | 지혜를 얻으려면 097 | 올바르게 098 | 변함없는 것 099 | 인생 그 자체 100 | 진실과 사랑 101 | 음악 102 | 진리가 없다면 103 | 삶의 과정 104 | 올바른 판단 105 | 길 106 | 속임수 107 | 사랑의 그물 108 | 삶이 존재하는 이유 109 | 겸손 110 | 친구 111

차례

03 • 가장 중요한 사람은 누구인가?

자기희생 115 | 친절 116 | 세상의 머릿돌 117 | 주변 의식 118 | 부성애 119 | 봉사 120 | 선한 사람 121 | 선량함 122 | 선행 123 | 놓쳐서는 안 될 기회 124 | 가장 명확한 것 125 | 습관 126 | 참 가르침 127 | 영혼의 발견 128 | 화 다스리기 129 | 살아 있는 것들 130 | 시기와 질투 131 | 자신을 제대로 보기 132 | 갈등 133 | 말조심 134 | 좋은 관계 135 | 위대한 인생 136 | 나 자신의 변화 137 | 다른 사람의 허물 138 | 나쁜 점 139 | 필요한 존재 140 | 태도 141 | 백 번 생각하기 142 | 상대의 신발을 신고 143 | 잘 맞는 친구 144 | 누가 곁에 있는가 145 | 남을 위한 생활 146 | 지혜와 이성 147 | 현명한 사람 148 | 자신의 위치 149 | 위로와 충고 150 | 결점 151 | 사람의 인품 152 | 자신을 고집하지 않을수록 153 | 더 나은 생활 154 | 관계 맺는 삶 155 | 다른 사람의 영향 156 | 정성과 마음 157 | 일수 백화 158 | 사랑의 종류 159 | 가장 큰 용기 160 | 사물의 본질 161 | 진정한 나 162 | 장벽 163 | 친절 164 | 누군가를 판단할 때 165

04 • 가장 중요한 시간은 언제인가?

일순간 169 | 삶의 방향 170 | 기도 171 | 나이 172 | 이 순간 173 | 시간이 지날수록 174 | 흘러간 시간 175 | 짧은 인생 176 | 현재에 충실한 삶 177 | 길이가 아닌 깊이 178 | 조용한 시골 179 | 작은 사랑이라도 180 | 행복 찾기 181 | 미리 걱정하지 마라 182 | 지금 바라는 행복 183 | 뜻을 세우는 시기 184 | 기분 좋은 생활 185 | 산길을 가다 보면 186 | 일생을 두고 해야 하는 일 187 | 하루 188 | 젊음과 늙음 189 | 웃기 위한 시간 190 | 어제는 어제일 뿐 191 | 매 순간 192 | 한가로운 시간 193 | 시간을 느끼기 194 | 운명 195 | 작은 현재 196 | 시간은 금이다 197 | 과거와 미래 198 | 고맙습니다 199 | 계획과 실행 200 | 짧은 순간 201 | 오늘 202 | 영원한 행복 203 | 봄은 영원하지 않다 204 | 소유할 수 있는 시간 205 | 씨앗 206 | 하루하루 207 | 행복해질 가능성 208 | 사람은 무엇으로 사는가 209 | 행동할 시기 210 | 태어나서 죽을 때까지 211 | 선물 212 | 오직 현재 213 | 이곳의 일 214 | 가장 위험한 유혹 215 | 소중한 시간 216 | 우리에게 주어진 현재 217 | 서둘러야 할 일 218

차례

05 • 사람에겐 얼마만큼의 땅이 필요한가?

돈을 소유하는 것 221 | 자비 222 | 상업 자본 223 | 발전의 기준 224 | 불필요한 것 225 | 가난 226 | 절제 227 | 지금 가진 것 228 | 재물은 분뇨와 같다 229 | 가난에서 벗어나는 방법 230 | 의식주를 간소하게 231 | 행복은 늘 곁에 232 | 몸이 원하는 대로 233 | 필요한 것과 필요 없는 것 234 | 옷을 가볍게 235 | 사랑이 주는 행복 236 | 소박한 음식 237 | 아무렇지 않은 일 238 | 현명한 소원 239 | 과식 240 | 행복하고 싶다면 241 | 정신적 재산 242 | 젊다는 것 243 | 허영심 244 | 고통의 달콤함 245 | 나눔 246 | 참된 사랑 247 | 부 248 | 촛불 249 | 돈을 먹고살 수 없다 250 | 하늘과 땅 251 | 가난에 굴하지 않는 사람 252 | 사치 물리치기 253 | 미지의 것 254 | 행복의 장애물 255 | 대화 256 | 남들에게 더 많이 주기 257 | 참으로 좋은 물건 258 | 슬픈 일 259 | 작은 것에 만족 260 | 욕망을 줄일수록 261 | 소유의 기준 262 | 움켜쥐고 있는 사람 263 | 큰 부자 264 | 예의 바른 사람 265 | 언제나 학생 266 | 물질의 노예 267 | 절제하는 생활 268 | 재산을 얻을 때 잃는 것 269 | 불편한 진실 270

01
가장 중요한 일은 무엇인가?

행복한 삶을 위한 다섯 가지 질문

The following are the answers to the
question of 'What will I do?'
First, don't lie to yourself. Don't be afraid the truth,
even if your current life is far away
from true life that reason leads.
Second, reject your definition, superiority and
privilege for others and admit that you are a sinner.
Third, execute eternal human rule by moving whole being.
Don't be ashamed of any labor and fight nature
to maintain lives of you and other people.

무엇을 할 것인가

나는 '무엇을 할 것인가'라는 문제에 대해
다음과 같은 답변을 발견했다.
첫째, 자기 자신에게 거짓말하지 말 것.
만일 지금의 생활이 이성에 따르는 참다운 길에서
멀리 떨어져 있다 하더라도 진리를 두려워하지 말 것.
둘째, 다른 사람에 대한 나의 정의, 우월, 특권을 거부하고
자신의 유죄를 인정할 것.
셋째, 자기의 전 존재를 움직임으로써
영원불멸한 인간의 계율을 실행할 것.
어떠한 노동도 부끄러워하지 않고
자신과 다른 사람의 생명을 유지하기 위하여 자연계와 싸울 것.

If you want that others listen to truth the way it is,
you have to say with all your hearts.
If he didn't understand about your message,
the reason is that you had either lied or not put true heart.

정성과 마음

진실이 진실로서 들리게 하려면,
정성과 마음을 다하여 말해야 한다.
다른 사람이 당신의 메시지를
제대로 이해하지 못했을 때는
거짓말을 했거나,
정성과 마음을 다하지 않았기 때문일 것이다.

Work makes a man noble.
If he doesn't work, he isn't dignified.
On the other hand, a lazy man just pays attention
to his own appearance.
Because he knows that if his appearance is shabby,
other people will despise and look down on him.

보이는 것

일처럼 사람을 고상하게 만드는 것은 없다.
일을 하지 않으면 인간은 존엄하지 않다.
이에 반해 게으른 사람은
주로 보이는 것에만 신경을 쓴다.
겉으로 보이는 것이 없으면
다른 사람들이 자신을 경멸하고 깔본다는 것을
잘 알기 때문이다.

Even if you don't need to work everyday,
it is sin that you don't work even for a day.

비록 하루라도

비록 매일매일 일할 필요가 없다 하더라도
하루라도 일하지 않는 것은 진정 죄악이다.

Just do what to do for happiness of others and you.

꼭 해야 할 일

해야 할 것을 하라.
모든 것은 타인의 행복을 위해서,
특히 나의 행복을 위해서 해야 한다.

The richest peach is highest on the tree.
James Whitcomb Riley

제일 높은 곳

제일 잘 익은 복숭아는
제일 높은 가지에 달려 있다.
제임스 휘트컴 라일리 _미국의 시인

Work banishes those three great evils,
boredom, vice and poverty.
Goethe

노동의 가치

노동은 지루함, 부도덕, 가난이라는
세 가지 큰 악을 제거한다.

괴테 _독일의 작가

We lose heart when we are ousted from familiar life,
but actually new and good things are
started from the situation.
There is happiness as long as we live.

새로운 일의 출발점

우리는 익숙해진 생활에서 벗어나면 낙담한다.
하지만 사실은 거기서부터 새로운 일들이 시작된다.
행복은 우리가 머무는 곳에 있다.

There are two kinds of behaviors
that expose the wrong idea.
One is to keep silence when he should speak,
the other is to speak when he should keep silence.
The principles of life prohibit the evils
and show the path of life to trust and follow.
However, a lot of unnecessary
knowledge stands on petty pride
and precludes him from realizing the principles of life.

삶의 기본 원칙

잘못된 생각을 드러내는 두 가지 행동이 있다.
말해야 할 때 침묵하는 것,
그리고 침묵해야 할 때 말하는 것이다.
악한 행위를 금하고 믿고 따를
인생의 길을 보여주는 것은,
삶의 기본 원칙이다.
그러나 쓸데없이 많은 지식은 알량한 자존심만 키워,
삶의 기본 원칙을 깨닫지 못하게 한다.

A man who doesn't have things
he wants to do enough to risk his life is unhappy.

불행한 사람

목숨을 걸어도 좋을 만큼
간절하게 하고 싶은 일이 없다면,
불행한 사람이다.

A man who knows his vocation is happy.
Because he found his job and purpose
of life at the same time.

천직

자신의 천직이 무엇인지 안다면
행복한 사람이다.
일과 인생의 목적을
동시에 발견했기 때문이다.

People do what not to do, not that they don't do what to do,
so they ruin their lives.

선택

사람들은 해야 할 일을 하지 않아서가 아니라
하지 말아야 할 일을 해서 인생을 망친다.

If you don't work, you cannot taste the sweetness of rest.
And if you don't try to live a moral
life, you cannot taste the joy
that you can realize the true meaning of life.

인생의 참의미

일하지 않으면
휴식의 달콤함을 알 수 없듯,
도덕적인 삶을 위해 노력하지 않으면
인생의 참의미와 마주치는 기쁨도 맛볼 수 없다.

True way is straight and free.
So if you just go the way, you will never fall.
If you were unsteady on your feet
because of all kinds worries,
you were already departed from that way.

참된 길

참된 길은 곧고 자유로워서
그 길로만 가면 넘어지지 않는다.
온갖 걱정거리로 다리가 비틀거린다면
당신은 이미 그 길에서 벗어난 것이다.

An expert is a person who has made all the mistakes
that can be made in a very narrow field.

Niels Bohr

전문가

전문가란
아주 좁은 분야에서
가능한 모든 실수를
저질러 본 사람이다.

닐스 보어 _덴마크의 물리학자

You must study about both good thinking
and behavior and bad thinking and
behavior to be a wise man.
However, you must study about bad thing first.
You must know what is not wise,
what is not righteous and what is unnecessary to do first.

현명한 사람이 되려면

현명한 사람이 되려면
좋은 생각과 행동, 나쁜 생각과 행동을
모두 연구해야 하지만, 나쁜 것부터 먼저 연구해야 한다.
무엇이 현명하지 않은지, 무엇이 정의롭지 않은지,
무엇을 먼저 할 필요가 없는지부터 알아야만 한다.

When I am working on a problem,
I never think about beauty.
I think only about how to solve the problem.
However, if the solution is not beautiful,
that is said that I do something wrong.
Buckminster Fuller

아름다운 해답이란

어떤 문제를 해결하고자 매진할 때,
나는 아름다움 따위는 절대로 고려하지 않는다.
오직 어떻게 하면 문제를 해결할 것인가만 생각한다.
그러나 내가 찾아낸 해답이 아름답지 않으면,
그것은 내가 무언가를 잘못했다는 것이다.
버크민스터 퓰러 _ 미국의 건축가, 작가

If a man want to be happy, he must work.
Following are conditions of work for happiness.
The first condition is free work he like.
The second condition is physical labor
that leads to promoting appetite and deep and restful sleep.

행복하려면

사람이 행복하기 위해서는 일을 해야 한다.
행복을 위한 일의 첫 번째 조건은
자기가 좋아하는 자유로운 일이며,
두 번째 조건은 식욕을 돋우고 깊고 평안한 잠을
자게 해 주는 육체노동이다.

We can't do nothing as if a horse tied
to a cart can't help walking.
Working is like breathing.
Working itself is pleasure and happiness.

일을 하는 것

달구지에 매인 말을 끌면 앞으로 나가지 않을 수 없듯
사람도 아무것도 하지 않고 있을 수 없다.
일을 하는 것은 숨을 쉬는 것과 같아서,
일한다는 그 자체가 기쁨이고 행복이다.

Work till you are exhausted to keep your spirit in peace.
The peace of spirit is broken when you are lazy,
sometimes you are overworked.
Prevent idleness and take an appropriate rest
when you are overworked.

게으름과 휴식

영혼을 평안한 상태로 두고 싶으면 지칠 때까지 일하라.
영혼의 평안은 게으르거나, 가끔 과로했을 때도 깨진다.
게으름을 경계하고,
과로했을 때는 적절한 휴식을 취해야 한다.

You don't need to look for a good deed.
If you do your homework as diligently
and heartfully as you can
in your condition, then you do your best.
So you don't need to look for a great thing especially.

최선을 다하라

굳이 착한 일을 찾아다닐 필요는 없다.
그저 현재 당신이 처해 있는 상황에서 주어진 일을,
가능한 열심히, 성심성의껏 하기만 하면
당신은 최선을 다해 살고 있는 것이다.
그러니 특별히 위대한 일을 찾아다닐 필요가 없다.

Don't say that you don't care about a little thing.
A real moral man doesn't miss the
meaning though a little thing.

사소한 일은 없다

사소한 일은 아무래도 상관없다고 말하지 마라.
진정으로 도덕적인 사람은
아무리 사소한 일이라도
그 의미를 놓치지 않는다.

We think of work as the things we can see with our eyes
: building houses, plowing fields, feeding cattle.
However, your only true work is invisible
: it is improving your inner spirit.

영혼 가꾸기

우리는 집을 짓고, 밭을 갈고, 열매를 채집하는 등
눈에 보이는 것들이 일이라고 생각한다.
그러나 진정한 일은 눈에 보이지 않으며,
그 일은 당신의 영혼을 개선시킨다.

Anything decent already exists.
What we have to do is to think about them one more time.
Goethe

한 번 더 생각

쓸 만한 것은 이미 다 나왔다.
우리가 할 일은 그에 대해 한 번 더 생각하는 것뿐이다.

괴테 _독일의 작가

Don't respect a man for his status and property.
We must respect him for his work.
The more his work is useful, the more we respect him.
However, it is the opposite in the world.
People respect the idle rich and don't respect people
who do extremely useful work for every body.

존경해야 할 사람

신분이나 재산이 아닌, 일로써 사람을 존경해야 한다.
그 일이 유익한 일일 수록 그 사람을 더 존경해야 한다.
그러나 세상은 반대다.
사람들은 모두를 위해 정말로 유익한 일을 하는 사람이 아닌,
게으른 부자를 존경한다.

The first and only condition
that makes a decision whether we succeed is to endure.
And the biggest obstacle, expecially
the most damage to me,
in everything is to meddle unnecessarily
in other people's affairs.
We should take this fact to heart.

참기와 참견

성공을 결정하는 첫째이자 유일한 조건은,
참는 것이다.
그리고 나에게 손해를 끼치는 가장 큰 장애물은,
하나에서 열까지 다른 사람 일에
괜한 참견을 하는 것이다.
이 사실을 깊이 명심해야 한다.

If we work and enjoy recreation regularly in harmony,
our lives will be joyful.
However, we are not able to be so by a
certain work or recreation alone.

생활의 즐거움

일과 취미가 조화를 이루면
삶이 즐거워진다.
그러나 일만 하거나 취미 생활만 해서는
즐겁게 살 수 없다.

When a person clearly knows what he doesn't need to do,
he can only find what to do.
If he doesn't do things not to do, he will
necessarily do things to do.

해서는 안 될 일

인간은 자신이 할 필요가 없는 일이
무엇인지를 분명히 알았을 때
비로소 자신이 무엇을 해야 하는지 알게 된다.
해서는 안 될 일을 하지 않는다면
필연적으로 해야만 할 일을 하게 될 것이다.

Say your goal and dream over and over again
and it will be seared into your subconsciousness.
Subconsciousness is a great power station
that supports all you think and dream powerfully.
Marc Allen

목표와 꿈

목표와 꿈을 반복해서 말하라.
그러면 그것이 당신의 잠재의식에 각인될 것이다.
잠재의식은 당신이 생각하고 꿈꾸는 모든 것을
강력하게 지원해 주는 거대한 에너지 발전소이다.

마크 앨런 _미국의 출판 편집인

The secret of joy in work is contained
in one word-excellence.
To know how to do something well is to enjoy it.
Pearl Buck

탁월함

일에서 즐거움의 비밀은
'탁월함'이라는 단어에 담겨 있다.
어떤 것을 능숙하게 해내는 방법을 아는 것이
그 일을 즐기는 비결이다.

펄 벅 _미국의 작가, 인권운동가

Although a man doesn't know the aim of his life,
he has to know how to live.
Although a person works in a pig farm,
he does not know exactly the aim of his work.
However, if he is a good worker,
he has to know how he can do well what he has to do.

삶의 목적

자기 삶의 목적을 모르는 사람일지라도
어떻게 살아야 하는지는 알아야 한다.
돼지를 키우는 농장에서 일하는 사람이라고 해서
자기 일의 목적을 분명히 아는 것은 아니다.
그러나 좋은 일꾼이라면
어떻게 해야 자신이 해야 하는 일을 잘할 수 있는지는
알아야 한다.

Don't ask other person what you can do yourself.
You should clean the front and the entrance of your house.
If every body clean the front yard their house,
whole streets will become clean.
One of the great joys of the body is
a rest after physical labor.
It can't be compared with any pleasure.

스스로

스스로 할 수 있는 일을 남에게 요구하지 마라.
자기 집 앞과 입구는 깨끗하게 청소해야 한다.
모두가 자신의 앞마당을 청소한다면
거리 전체가 깨끗해질 것이다.
육체의 가장 큰 기쁨 중 하나는 노동 후의 휴식이다.
그 어떤 즐거움도 이와 비교할 수 없다.

"Why did I do that?
Why didn't I share?
Why did I refuse to ask me for help and miss
the delights of doing the right thing as a human?"
Whenever I think of things that I didn't do,
the suffering breaks my heart.

후회

"왜 그런 일을 했을까?
왜 나누지 않았을까?
왜 다른 사람이 도움을 청했을 때 거절해서
인간의 의무를 다할 때 오는 즐거움을 놓쳤을까?"
하고 미처 하지 않은 일들이 떠오를 때면
고통이 가슴을 짓누른다.

A man who boasts
that he is diligent usually becomes a wretched person.
Balancing work and satisfaction makes us happy.

일과 만족

자신이 부지런하다고 자랑하는 사람은
대부분 비참한 사람이 된다.
일과 만족이 균형을 이루면
우리 삶은 행복해진다.

There is not the great action in the world.
A man just discharged his duty
or just did things that he had to do.
This is like saying the farmer who cuts fodder says
that he did great things for himself.

위대한 행동

세상에 위대한 행동은 없다.
그저 의무를 다했거나 해야 할 일을 해냈을 뿐이다.
이는 마치 꼴을 베는 농부가
스스로 위대한 일을 했다고 말하는 것과 같다.

A man who doesn't do what he has to do
because he thinks that it is a trivial
matter is deceiving himself.
He doesn't work not because it is a trivial matter,
but because he is not capable of managing it.

거짓 이유

자신이 하지 않으면 안 될 일을,
그 일이 보잘것없다는 이유로 하지 않는 사람이 있다면
그는 자신을 속이고 있는 것이다.
그는 그 일이 보잘것없어서가 아니라
그 일을 하기 힘에 부치기 때문에 못 하는 것이다.

A man planted seeds.
He wondered and was worried about germinating.
So he digged out soil and kept watching it.
The rotten seeds didn't bear fruit.
We have not to look back and have to keep working.
We can see the fruits of labor in time.

씨앗과 열매

한 사람이 씨앗을 심었다.
그는 싹 트는 것이 궁금하고 걱정돼
흙을 파내고 계속 지켜보았다.
상해 버린 씨앗은 열매를 맺지 않았다.
우리는 뒤돌아보지 않고, 쉬지 않고 일해야 한다.
때가 되면 노동의 열매가 열릴 것이다.

People act as if business, law, social, study, art
and so on are important.
However, the only one to do actually
is understanding moral law
that holds people together.

도덕적인 법

사람들은 비즈니스, 법, 사회, 학문, 예술 등이
중요한 것처럼 행동한다.
하지만 실제로 우리가 매달려야 할 일은 단 하나,
바로 사람들을 하나로 묶는 도덕적인 법을
이해하는 것이다.

A wise man knows that all he needs is inside him
and continually tries to improve himself.
So there is nothing to be angry with any other people.
On the contrary, a stupid man expects
other people are kind to himself.
Otherwise, he gets angry.

지혜로운 사람

지혜로운 사람은
필요한 모든 것이 자기 안에 있음을 알고
끊임없이 스스로를 향상시키려고 노력한다.
그래서 누구에게도 화낼 일이 없다.
반면 어리석은 사람은
남들이 자신에게 친절하기를 기대하고
그렇지 않으면 화를 낸다.

Don't seek pleasure.
Instead, find pleasure in all the things you do.

즐거움

즐거움을 추구하지 마라.
대신 자신이 하는 모든 일에서
즐거움을 찾아라.

Watch how people live.
Watch trains, cars, planes, weapons,
the watchtowers of castles, temples,
museums and skyscrapers
in cities like Chicago, Paris and London.
And ask yourself,
"What should we do to live better?"
You will get the answer soon.
Don't do unnecessary things.
Most things that we are doing now are unnecessary things.

필요 없는 일은 하지 마라

세상 사람들이 어떻게 사는지 보라.
시카고, 파리, 런던 같은 도시에 있는
기차, 자동차, 비행기, 무기, 성곽,
사원, 박물관 고층 빌딩을 보라.
그리고 자문해 보라.
"모두가 더 잘 살려면 어떻게 해야 할까?"
곧 답이 나올 것이다.
필요 없는 일은 하지 마라.
지금 우리가 하는 일 대부분이 그렇다.

Remember that they are the fruits of one's hard labor
when you use somethings.
If you break it or throw it into dustbin,
you don't respect labor.

물건을 사용하기 전

무슨 물건이든 사용할 때는
그것이 누군가의 힘든 노동이 낳은 결실임을 기억하라.
그것을 망가뜨리거나 쓰레기통에 던진다면
당신은 노동을 존중하지 않는 것이다.

I feel ashamed when I meet a carpenter or a cook.
They can live for a few days,
even for a few years, without my helping.
However, I can't live even a single day without them.

꼭 필요한 사람

나는 목수나 요리사를 만나면 부끄럽다.
그들은 내 도움 없이도
며칠, 아니 몇 년씩 살 수 있다.
하지만 나는 이들이 없으면
단 하루도 살 수 없으니 말이다.

We must respect other people
by not how much they had but how long they work.
The labor by loving thoughts
that wish other's happiness is spiritual food.

존경의 기준

얼마나 가졌는가가 아니라
얼마나 일하는가를 기준으로
사람을 존경해야 한다.
다른 사람의 행복을 비는
사랑으로부터 우러나오는 노동은 영혼의 양식이다.

When you are suffering,
you must try to find out that this suffering asks you for
what kind of inner moral and mental completion,
not that you think how to avoid the suffering.

고통을 대하는 방법

고통을 당할 때는 고통을 피하는 방법을 생각하지 말고,
이 고통이 어떤 종류의 내면의 도덕적,
정신적 완성을 요구하는지 알아내기 위해
모든 노력을 집중해야 한다.

Life is given to us as if the child is left with a nanny.
Therefore, we must grow our lives completely.

우리에게 주어진 삶

유모에게 맡겨진 아이처럼,
삶은 우리에게 주어진 것이다.
그러므로 우리는 우리의 삶을 완벽하게 만들어야 한다.

If you want to find imitable examples,
you must find them in simple and humble people.
Really great things are in people
who don't praise themselves and
don't think that they are great.

단순함 속에서

본받을 만한 것을 찾고 싶다면,
소박하고 겸손한 사람들 가운데서 찾아라.
정말 위대한 것은,
자만하지 않고, 스스로를 대단하게 여기지 않는
사람들 안에 있다.

Try to have virtue without expectation
for a remarkable success.
You can't see the result of efforts.
Because the more you move forward,
the more you have high ideals.
Our efforts to have virtue themselves justify our lives.

미덕

주목할 만한 성공은 기대하지 않은 채
미덕을 갖추기 위해 노력하라.
그 노력의 결과들은 볼 수 없다.
왜냐하면 당신이 앞으로 나아갈수록
이상은 더욱 높아질 것이기 때문이다.
미덕을 갖추려는 노력,
그 과정 자체가 우리의 삶을 정당화한다.

The things that you peevishly hurriedly
finish attract criticism.
The really valuable work is always
quiet, continuous and unseen.

조용하고 눈에 띄지 않게

짜증을 내면서 허겁지겁 해치우는 일은
다른 사람들로부터 비판의 눈총을 받는다.
참으로 가치 있는 일은
언제나 조용하고 지속적이며
남의 눈에 띄지 않는 것이다.

02
사람은 무엇으로 사는가?

행복한 삶을 위한 다섯 가지 질문

It doesn't matter how different individual lives are.
Because the distance of the way to
completion is same to everybody.

완성으로 가는 길

개개인의 삶이
얼마나 다른가는 중요하지 않다.
완성으로 가기 위한 거리는
누구에게나 똑같기 때문이다.

A man should try to be a good person
rather than trying to do a good deed.
He should try to be an unspotted person
rather than trying to shine.
His soul is like living in a glass bowl.
He can make the bowl dirty or let it clean.
The less glass of bowl is dirty,
the more the light of truth shines through the glass.
In other words, he shines for himself or other people.
Therefore, the important thing to him is his inner problem:
trying not to make his bowl dirty.
Always try not to make yourself dirty
and then the tips of the your toes and other's feet will brighten.

좋은 사람이 되려면

좋은 일을 하려고 하기보다는
좋은 인간이 되려고 노력해야 한다.
빛나려고 하기보다는
흠 없는 인간이 되려고 해야 한다.
인간의 영혼은 유리 그릇 속에 담긴 것과 같아서
그 그릇을 더럽힐 수도 있고, 깨끗한 채 둘 수도 있다.
유리가 깨끗할수록,
진리의 빛은 유리를 통해서 빛난다.
다시 말해 자신을 위해서, 또는 남을 위해서 빛나는 것이다.
그러므로 인간에게 가장 중요한 것은 내면이며,
자기의 그릇을 더럽히지 않도록 하는 일이다.
늘 자기를 더럽히지 않도록 주의하라.
그러면 발끝도 밝아질 것이고,
또 남의 발밑도 비추게 될 것이다.

The truth is joy and is stronger than violence.
Pursue a life of truth.
It shows what to do, what not to do and what to stop.

진리의 삶

진리란 기쁨일 뿐만 아니라 폭력보다도 강하다.
진리의 삶을 추구하라.
그것은 항상 우리가 해야 할 일과 하지 말아야 할 일,
그리고 하던 가운데도 멈춰야 할 일을 보여 준다.

Let's think that we live for the only pursuit of happiness.
Living becomes wearisome and meaningless soon.
Accept readily human wisdom and hearty words.
The meaning of life is to find and follow the fact
that God has a purpose for us.
If that happens, our lives will always be filled with joy.

세상에 보낸 뜻

행복을 추구하기 위해서만 산다고 생각하면
이내 사는 게 지루하고 무의미해진다.
우리는 인류의 지혜와 가슴에서 우러나는 말을
기꺼이 받아들여야만 한다.
삶의 의미는 우리를 세상에 보낸 뜻을
섬기고 따르는 데 있다.
그러면 우리의 삶은 항상 기쁨으로 충만해진다.

It is wiser to know a little about necessary knowledge for life
than to pile common knowledge mountain high.

삶에 필요한 지식

평범한 지식을 산더미처럼 쌓는 것보다
삶에 필요한 지식을 조금 아는 것이 현명하다.

We are an intelligent species and the use of our
intelligence quite properly gives us pleasure.
In this respect the brain is like a muscle.
When it is in use we feel very good.
Understanding is joyous.
Carl Sagan

지성적 존재

사람은 지성적 존재이므로
당연히 지성을 사용할 때 기쁨을 느낀다.
이런 의미에서 두뇌는 근육과 같은 성격을 갖는다.
두뇌를 사용할 때 우리는 기분이 매우 좋다.
이해한다는 것은 즐거운 일이다.
칼 세이건 _미국의 천문학자

Always be happy.
However, if you no longer feel happy,
check the mistakes you haven't realized.

항상 기뻐하라

항상 기뻐하라.
그러나 더 이상 기쁨이 느껴지지 않는다면
자신이 깨닫지 못한 잘못이 있는지 살펴보라.

Water is smooth and strong.
If there is no obstacles,
it runs and if there are banks, it stops.
It becomes a square in a square bowl
and a circle in a round bowl.

유연하면서 강하게

물은 유연하면서 동시에 강하다.
장애물이 없으면 <u>흐르고</u>
둑이 있으면 멈춘다.
네모난 그릇에 담으면 네모가 되고,
동그란 그릇에 담으면 동그라미가 된다.

The important condition of success is patience.
The biggest obstacle to success is haste.

가장 큰 걸림돌

성공의 가장 중요한 조건은 인내이고
가장 큰 걸림돌은 조급함이다.

True faith doesn't come from miracle or sense.
It comes from the teaching that
everyone can willingly follow.

참된 믿음

참된 믿음은 기적이나 의식으로부터가 아니라,
모든 사람이
기꺼이 따를 수 있는 가르침에서 싹튼다.

Love each other to live happily with other people.
However, be careful not to break the
love by the harsh language.

말 한마디

다른 사람들과 더불어 행복하게 살려면
서로 사랑해야 한다.
가시 돋친 말 한마디로
그 사랑을 깨뜨리지 않게 조심하라.

Our destiny depends upon how we understand our lives
through thought.

사색

우리의 운명은
사색을 통해 어떻게 우리의 삶을
이해하느냐에 달려 있다.

Water doesn't stay on high.
Likewise, the goodness of heart and wisdom
don't exist in hearts of arrogant people.

선한 마음

물이 높은 곳에 머물러 있지 않듯,
선한 마음과 지혜 또한
거만한 사람들의 마음에는 존재하지 않는다.

Always live truly.
You might get a lot of enemies in the process,
but they will finally also love you.
Dostoevsky

진실한 생활

항상 진실한 생활을 하라.
그 과정에서 많은 적이 생길 수도 있지만
결국에는 그들도 당신을 사랑하게 될 것이다.

도스토옙스키 _러시아의 소설가

Don't be afraid that you don't know
and be alert useless knowledge.
You must be especially alert the knowledge
to get the benefit or win praise from other people.

불필요한 지식

모르는 것을 두려워하지 말고
오히려 필요 없는 지식을 경계하라.
특히 자신의 이득이나
다른 사람의 칭찬을 얻기 위한 지식이라면
더욱 경계해야 한다.

Meet mind with force is like shielding the sun
with your hands.
Although you try to cover it,
it's going to leak out.

정신의 힘

힘으로 정신에 맞서는 것은
손으로 햇빛을 가리는 것과 같다.
아무리 덮으려 해도
새어나오기 마련이다.

Love your neighborhood and serve them.
Avoid bad words and behavior and act bravely.
These are all trivial things.
However, as a small seed grows to a huge tree,
they become the foundation for true happiness.

이웃을 위해

이웃을 사랑하고 그들을 위해 봉사하라.
나쁜 말과 행동을 피하고 용기 있게 행동하라.
이것은 모두 사소한 일이지만
작은 씨앗이 큰 나무로 자라나듯
참된 행복의 밑거름이 된다.

Based on their natures,
bees must fly,
snakes must crawl,
fish must swim,
and people must love.

서로 사랑

본성에 따라
벌은 날아야 하고,
뱀은 기어야 하고,
물고기는 헤엄쳐야 한다.
그리고 사람은 사랑해야 한다.

Life is Love and the Love is in our Souls.

영혼에 깃든 사랑

삶은 곧 사랑이며
그 사랑은
우리의 영혼에 깃들어 있다.

Love for family is a natural feeling
that doesn't have the concept of good and evil.

가족

가족에 대한 사랑은
선악의 개념이 들어 있지 않은
지극히 자연스러운 감정이다.

As a man keeps deceiving conscience,
his conscience is paralyzed soon and beats time to the life.

양심

양심을 속이는 생활을 하다 보면
양심은 곧 마비되고,
그 생활에 박자를 맞추게 된다.

The more a man feels dissatisfaction
about other people and his situation,
the more he is far away from holy wisdom.

불만

다른 사람에 대해,
또 자기 환경과 처지에 대해
만족하지 못하고 불만을 느끼면 느낄수록
그 사람은 거룩한 지혜에서 먼 곳에 있는 것이다.

Fear a little and hope a lot.
Eat a little and chew a lot.
Complain a little and breathe a lot.
Hate a little and love a lot.
Then all the good things in the world are yours.
Sweden proverb

적게 그리고 많이

두려움은 적게 희망은 많이, 먹기는 적게 씹기는 많이,
푸념은 적게 호흡은 많이, 미움은 적게 사랑은 많이 하라.
그러면 세상의 모든 좋은 것이 당신의 것이다.

스웨덴 속담

I repeat what I tried to hard but I become idleness suddenly,
endure well is becoming impatient,
full of hope becoming fall into despair.
However, I can more understand watercolor,
if I keep tried to it.
If it was easy, I have not gotten any fun in the there.
So I have to continue to draw a picture.
Vincent van Gogh

그게 쉬운 일이었다면

열심히 노력하다가 갑자기 나태해지고,
잘 참다가 조급해지고, 희망에 부풀었다가
절망에 빠지는 일을 또다시 반복하고 있다.
그래도 계속해서 노력하면 수채화를
더 잘 이해할 수 있겠지.
그게 쉬운 일이었다면
그 속에서 아무런 즐거움도 얻을 수 없었을 것이다.
그러니 계속해서 그림을 그려야겠다.

빈센트 반 고흐 _네덜란드의 화가

The strongest of all warriors are
these two-Time and Patience.

시간과 인내

모든 전사 중
가장 강한 전사는 이 두 가지,
시간과 인내다.

Never stop in the way of self-realization.
If you are more interested in outside
world than inside yourself,
then the world will pass you by and you
will stand fatuously on the space.

내면의 완성

자기완성의 길에서 결코 멈추지 마라.
만일 내면보다 외부 세상에 더 흥미를 느끼게 된다면,
세상은 당신 곁을 스쳐가고,
당신은 그 자리에 멍청하게 서 있게 될 것이다.

Live to your soul and you'll contribute to improving society
even if you don't try to live like that and
even you don't understand that you live like that.

영혼을 위해

자신의 영혼을 위해 살아가라.
그러면 당신이 그렇게 살려고 애쓰지 않아도,
심지어 당신이 그렇게 산다는 것을 이해하지 못해도
당신은 사회의 개선에 기여할 것이다.

I imagine that to know love,
one must make mistakes and then correct them.
『Anna Karenina』

실수

"난 사랑을 알려면,
실수를 저지르고 그것을 고쳐 나가야 한다고 생각해요."
「안나 카레니나」 중에서

We must always think about
whether living nicely is credulous life or not,
whether living wisely is selfish life or not.
Allen Ginsberg

착하게 사는 것

착하게 산다는 것이 어수룩한 삶은 아닌지,
지혜롭게 산다는 것이 이기적인 삶은 아닌지
항상 생각해 봐야 한다.
앨런 킨스버그 _미국의 시인

Don'ㅍㅍㅍㅍㅍt do anything you might regret.
The untruth says that 'Regret!'
The truth says that 'Just love!'
Forget the all memory and live in love.
Let all things pass.

사랑의 그늘 아래

후회할 것 같은 일은 하지 말라.
거짓은 "후회하라"라고 말하지만
진실은 "오직 사랑하라"라고 말한다.
모든 기억을 던지고 사랑의 그늘 아래 살라.
그리고 모든 것은 지나가게 하라.

Not the changing environment disturbs peace
but the insatiable greed disturbs peace.

만족

변하는 환경이 평화를 빼앗는 것이 아니라
만족할 줄 모르는 욕망이 평화를 빼앗는다.

The fearless heart,
the quiet inner peace and the joy of
love are not comparable
to all other things in the world,
especially if one knows the true happiness of love.

두려워하지 않는 마음

아무것도 두려워하지 않는 마음,
고요한 내면의 평화, 사랑의 기쁨은
이 세상 어떤 것과도 비교할 수 없다.
특히 사랑의 진정한 행복을 아는 경우에는 더욱 그렇다.

The simpleness is really attractive and beneficial.
Still, it is a strange thing
that only a very small minority of people live simply.

단순한 삶

단순함은 더없이 매력적이고 유익한 것인데
아주 적은 사람들만이 단순한 삶을 누린다는 것은
참으로 이상한 일이다.

If you want to be wise,
you should know how to ask a question wisely,
the attitude to listen carefully and how to stop saying
when that's all there is to say.

주의 깊게

현명하고자 한다면,
현명하게 질문하는 방법,
주의 깊게 듣는 태도,
그리고 더 이상 할 말이 없을 때
말을 그치는 법을 알아야만 한다.

As the amount of water on both sides
becomes the same by passing through the waterway,
if there is the way that the wisdom of the wise man
goes to the wisdom of the ignorant man,
nothing could be better than that.
However, the problem is that wisdom
is to fathom for oneself.
In other words, a man can gain wisdom
by making an effort for oneself.

지혜를 얻으려면

수로를 관통함으로써 양쪽의 물이 똑같아지는 것처럼,
현자의 지혜가 무지한 자의 지혜로 가는 길이 있다면
그보다 좋은 일은 없을 것이다.
그러나 문제는 지혜는 스스로 헤아려야 한다는 것이다.
곧 지혜란 스스로 애써서 얻는 것이다.

The most important problem that lies ahead is as follows.
Are we living a moral life?
Are we acting in obedience to will of God
who has sent us into this world in this short time called life?
Are we living a moral life?

올바르게

우리들 앞에 놓인 가장 중요한 문제는 다음과 같다.
우리는 올바르게 살고 있는가?
우리가 삶이라고 부르는 이 짧은 시간에 우리는
우리를 세상에 보낸 신의 뜻에 순종하며 살아가고 있는가?
우리는 올바르게 살고 있는가?

Faith can change with time,
because our knowledge is constantly changing.
Love, on the contrary, never changes: love is eternal.

변함없는 것

지식은 계속해서 변한다.
그러므로 믿음은 시간이 지남에 따라 변할 수 있다.
하지만 사랑은 영원하기 때문에
결코 변하지 않는다.

Man is born to live, not to prepare for life.
Life itself, the phenomenon of life, the gift of life,
is so breathtakingly serious!
Boris Pasternak

인생 그 자체

사람은 살려고 태어나는 것이지
인생을 준비하려고 태어나는 것은 아니다.
인생 그 자체, 인생의 현상, 인생이 가져다주는 선물은
숨이 막히도록 진지하다!

보리스 파스테르나크 _러시아의 시인, 소설가

You cannot love without honest.
Similarly, you cannot be honest without love.
These two things are attached toward a different direction,
but fly to a same direction like wings of bird.
Baba Hari Dass

진실과 사랑

진실하지 않으면 사랑을 할 수 없다.
마찬가지로 사랑 없이는 진실할 수 없다.
이 두 가지는 새의 양 날개처럼
서로 다른 곳을 향해 붙어 있지만
항상 같은 방향으로 날아오른다.

바바 하리 다스 _인도의 성자

Music makes me forget myself, my true condition,
it carries me off into another state of being,
one that isn't my own: under the influence of music
I have the illusion of feeling things
I don't really feel, of understanding things
I don't understand, being able to do
things I'm not able to do.
『The Kreutzer Sonata』

음악

"음악은 나 자신과, 나의 진짜 상태를 잊게 하고,
나를 내 공간이 아닌 다른 곳으로 데려다 놓았습니다.
나는 음악의 도움을 받아,
느낄 수 없는 것을 느끼는 환상을 경험하고,
이해할 수 없는 것을 이해하며,
불가능한 것을 할 수 있게 되었습니다."
『크로이처 소나타』 중에서

One of the most common mistakes is to think
that you can live without truth.
Even the results of little lie's inside
and outside are more harmful
than the smallest unpleasant emotion
caused by saying the truth yourself.

진리가 없다면

가장 흔한 잘못 가운데 하나는
진리 없이도 살 수 있다고 생각하는 것이다.
심지어 작은 거짓말조차 그 내면, 외면의 결과들은
진리를 직접 말할 때 초래되는
가장 작은 불쾌한 감정보다 해롭다.

A man who views his life as the
process of mental completion
doesn't be afraid of outside situation.

삶의 과정

자신의 삶을 정신적 완성의 과정으로 보는 사람은
외부 상황을 두려워하지 않는다.

Don't judge yourself.
Especially don't compare yourself with those around you.
Just compare yourself with your completion.

올바른 판단

자신에 대해 판단하는 일은 피하라.
특히 자신을 주변 사람들과 비교하지 마라.
오로지 자신의 완전함과만 비교하라.

You must remember
not that you are living in this world
but that you are just passing through this world.

길

당신은 이 세상에 살고 있는 것이 아니라,
이 세상을 거쳐 가고 있을 뿐이란 사실을 명심하라.

The most usual con is the mind to want to deceive oneself not others.
And these kinds of lives are the most harmful.

속임수

가장 흔한 속임수는
다른 사람들이 아닌 자신을 속이고 싶어 하는 마음이다.
이러한 종류의 삶이 가장 해롭다.

You must love in order to be happy.
You must sacrifice yourself,
love everybody and everything and
lay a net of love everywhere.
Catch all anybody who's entered in
the net and fill them with love.

사랑의 그물

행복해지기 위해서는 사랑해야만 한다.
자기를 희생하고 모든 사람과 모든 것을 사랑하고
모든 곳에 사랑의 그물을 쳐야 한다.
그 그물 안에 누가 들어오든지
모든 사람을 잡고 그들을 사랑으로 가득 채워라.

You ask me the question,
"Why does evil exist here in this world?"
I reply with another question,
"Why does life exist?"
Evil exists because life exists.
Life reveals itself in eradicating evil.
Everything can be saved in the moment
you think all is lost.

삶이 존재하는 이유

"세상에는 왜 악이 존재합니까?"라는 질문을 받을 때
나는 "삶은 왜 존재합니까?"라고 되묻는다.
삶이 존재하기에 악도 존재한다.
삶은 악을 물리치면서 그 존재를 드러낸다.
모든 것을 잃었다고 생각하는 바로 그 순간,
모든 것을 지킬 수 있다.

The delightful rain saturates the soil
after the heat of mid-summer.
We must modestly cool our spirit
after the hot sun called narcissism.
There is nothing to fascinate mind like the humility
that is followed the goodness.

겸손

한여름의 무더위가 지나고 나면
기분 좋은 비가 대지를 적신다.
자아도취라는 뜨거운 햇살이 지나간 뒤에는
겸손함으로 영혼을 식혀야 한다.
선량함이 따르는 겸손처럼
사람의 마음을 끄는 것은 없다.

We always feel good
when we do good for other people.
If we live for others,
the entire world becomes our friend.

친구

다른 사람을 위해 좋은 일을 할 때
우리는 항상 기분이 좋다.
우리가 남을 위해 산다면,
온 세상이 우리의 친구가 될 것이다.

03
가장
중요한 사람은
누구인가?

행복한 삶을 위한 다섯 가지 질문

Love is self-sacrifice.
This is only happiness
that doesn't depend on coincidence.

자기희생

사랑이란 자기희생이다.
이것은 우연에 의존하지 않는
유일한 행복이다.

Kindness makes the world beautiful.
It solves the criticism.
It unravels the problem, makes difficult things smooth
and changes a sense of gloom to pleasure.

친절

친절은 세상을 아름답게 한다.
모든 비난을 해결한다.
꼬인 문제를 풀고,
곤란한 일을 수월하게 하고,
암담한 것을 즐거움으로 바꿔 준다.

Sacrificing for others is true love.
Love that sacrifices itself for others
and every other living thing is true love.
In this love, we get a good life,
get reward about that we came into the world
and become the cornerstones of the world.

세상의 머릿돌

다른 사람을 위하여 희생하는 것이야말로
진정한 사랑이다.
다른 사람과 다른 살아 있는 모든 것을 위하여
나를 버리는 이런 사랑이야말로 진정한 사랑이고,
이런 사랑에서 우리는 복된 삶과 더불어
세상에 나온 보답을 얻으며
세상의 머릿돌이 되는 것이다.

A man who always listens to
what other people say about himself
never finds a peace of mind.

주변 의식

다른 사람이 자신에 대해 어떤 말을 할까
항상 귀 기울이는 사람은
결코 마음의 평안을 얻지 못한다.

It is a feeling of love
that a father dives into the water
to save his son from drowning.
Love moves for happiness of someone but me.
There are many contradictions in life,
but the way to solve them is only Love.

부성애

아버지가 물에 빠진 자식을 건지기 위해
물속에 뛰어드는 것은 사랑의 감정이다.
사랑은 나 말고 어떤 사람의 행복을 위해서 움직인다.
인생에는 허다한 모순이 있지만
그것을 해결할 길은 오직 사랑뿐이다.

Don't think about whether he is good for you
when you meet a man.
Think about whether you can serve him.

봉사

사람을 만날 때,
그 사람이 당신에게 유익한지를 생각하지 말고,
당신이 그 사람에게 도움이 될 수 있는지 생각하라.

Even very weak plants make their own road
through hard soil and rocks.
Goodness is also like that.
Any wedge, any hammer and any weapon are not
comparable to real man.
Nothing can stand against goodness.
　　　Henry David Thoreau

선한 사람

아주 연약한 식물도
단단한 흙과 바위틈을 지나 자신의 길을 낸다.
선도 그렇다.
어떠한 쐐기, 어떠한 망치, 어떠한 무기도
선하고 진실한 사람과는 비교가 되지 않는다.
그 무엇도 선에 대항할 수 없다.
　　　헨리 데이비드 소로 _미국의 철학자, 시인

Goodness is like spices
that should not be forgotten for all food.
If there isn't Goodness, the best nature depreciates.
If there is Goodness, any sin is able to be forgiven.

선량함

선량함은 모든 음식에 빠져서는
안 되는 양념 같은 것이다.
가장 훌륭한 성품도
선량함이 없으면 그 가치가 없어져 버리고
아무리 나쁜 죄악도
선량함이 있으면 용서받는다.

Always be thankful
that you can do a kindness to other people
when you do a kindness.

선행

선을 행할 때는 항상
선을 베풀 수 있다는 사실에 감사하라.

You don't need to seek the opportunity
to do a kindness as hunters find wild birds,
but you should not at least miss the
opportunity to do a kindness.

놓쳐서는 안 될 기회

사냥꾼들이 들새를 찾듯
선을 행할 수 있는 기회를 찾을 필요는 없지만,
적어도 선을 행할 수 있는 기회를 놓쳐서는 안 된다.

Everything is vague, hazy and momentary,
but only good deed is specific
and doesn't become weak in any limitations.
Cicero

가장 명확한 것

모든 것은 막연하고 흐릿하며 순간적이지만,
오직 선행은 명확하여
어떠한 제약에도 약해지지 않는다.

키케로 _ 고대 로마의 정치가

A good deed requires effort.
Repeated efforts become habits.

습관

선행은 언제나 노력으로 이루어진다.
그리고 노력이 반복되면, 습관이 된다.

If you don't teach goodness to people
although you can teach, you will lose your brothers.

참 가르침

사람들에게 선을 가르칠 수 있는데도 가르치지 않는다면,
너희는 형제를 잃게 될 것이다.

If a man doesn't find soul
that ties himself and all people of neighborhood and world,
he lives in half asleep.

영혼의 발견

만일 인간이 모든 이웃의,
세계의 모든 인간과 자기를 묶는
영혼을 발견하지 못한다면,
그는 반쯤 자는 상태로 살고 있는 셈이다.

If you get a little angry,
count to ten before you say or do anything.
If you get really angry, count to a hundred.
If you can keep this in mind when you get angry,
then you do not even have to count.

화 다스리기

조금 화가 나면 행동을 하기 전에,
혹은 말을 하기 전에 열을 세어라.
몹시 화가 났을 때는 백을 세어라.
화가 날 때마다 이 사실을 상기하면
숫자를 셀 필요조차 없어진다.

My religion is to love all living things.

살아 있는 것들

내가 진정으로 따르는 신앙은
모든 살아 있는 것을 사랑하는 것이다.

We should be afraid of not a robber or murder
but jealousy towards others.

시기와 질투

우리가 두려워할 일은
강도나 살인이 아니다.
다른 사람을 시기하는 질투심이야말로
진정 두려워해야 할 일이다.

A man should know himself to be a wise man.
He who knows himself knows others.
Ruskin

자신을 제대로 보기

지혜로운 사람이 되기 위해서는
자신을 똑바로 볼 줄 알아야 한다.
자신을 제대로 알고 있는 사람만이
다른 사람도 제대로 볼 수 있다.
러스킨 _영국의 사회 비평가

Remember the words,
"Do to others as you would have them do unto you."
whenever you have trouble with other people.

갈등

사람들과 갈등이 생길 때마다
"남이 나에게 해 주길 바라는 것을 남에게 행하라"
라는 말을 기억하라.

We all know we must treat a loaded gun carefully,
but we don't know that we must watch our tongue.

말조심

사람들은 총알이 장전된 총을
조심스럽게 다뤄야 하는 것은 알면서
말을 신중하게 해야 한다는 것은 알지 못한다.

The way that you have a good relationship
with other people is very simple.
Think about not what he is different than me
but what he is the same as me.

좋은 관계

사람들과 좋은 관계를 맺는 방법은
아주 간단하다.
나와 무엇이 다른가가 아니라
무엇이 같은가를 생각해 보라.

There is no such thing that deeply impress everyone
like one's great life.

위대한 인생

한 사람의 위대한 인생만큼
강한 영향력으로 모든 사람을 감동시키는 것은 없다.

Everyone thinks of changing the world,
but no one thinks of changing himself.

나 자신의 변화

세상을 변화시키려는 사람은 많지만,
자기 자신을 변화시키려는 사람은 많지 않다.

Don't be angry with him for his ugly cut
because it is not his fault.
Thus, treat other people's fault like cut.

다른 사람의 허물

상처가 흉하다고
그 사람에게 화를 내서는 안 된다.
그의 잘못이 아니기 때문이다.
그러니 다른 사람의 허물 또한
상처를 대하듯 하라.

Do not find faults with others
and forget them quickly though you find them.
Instead, you must remember your own faults.

나쁜 점

다른 사람의 나쁜 점을 찾지 말고
알게 되더라도 빨리 잊으라.
대신 자신의 나쁜 점은
꼭 기억하라.

A person who is an essential part to others
and doesn't need others is a really good person.

필요한 존재

남들에게 꼭 필요한 존재이면서
다른 사람들의 도움은 필요로 하지 않는 사람이
진정 선한 사람이다.

If you fall out with him and he has complaints
or if he doesn't agree with you although you are right,
don't blame only him.
It might be because of your poor attitude
in conversation with him.

태도

만일 당신이 다른 사람과 감정이 틀어져
그가 불만을 품고 있다면,
또 당신이 옳은데도 그가 동조하지 않는다면
그 사람만을 탓하지 마라.
그와 얘기할 때 당신의 태도가 나빴기 때문일 수 있다.

Measure ten times before cutting the cloth.
Think one hundred times
before you say faults of colleagues or friends.
Although you say after that, you are not late.

백 번 생각하기

천을 재단할 때는 열 번 자로 재고,
동료나 친구의 결점을 말할 때는 백 번쯤 생각하라.
그러고 나서 말해도 늦지 않다.

Oh, Great Spirit,
help me never to judge another
until I have walked in his moccasins for two weeks.

Sioux prayer

상대의 신발을 신고

아, 위대한 영혼이여.
상대의 신발을 신고 2주일 동안 걷지 않은 이상
내가 그를 판단하거나 비난하지 않도록 하소서.

인디언 수족의 기도문

My friend is not perfect nor am I,
so we suit each other admirably.
Alexander Pope

잘 맞는 친구

내 친구는 완벽하지 않다.
나도 마찬가지다.
그래서 우리는 무척이나 잘 맞는다.
알렉산더 포프 _영국의 시인

I've learned
that it's not what you have in your life
but who you have in your life that counts.
I've learned
that you can get by on charm for fifteen minutes.
After that, you better know something.

Charles de Foucauld

누가 곁에 있는가

나는 배웠다.
삶은 무엇을 손에 쥐고 있는가가 아니라
누가 곁에 있는가에 달려 있음을.
나는 배웠다.
매력이라는 것은 15분을 넘지 못하고
그다음은 서로를 알아가는 것이 더 중요함을.

샤를르 드 푸코 _프랑스의 사제

Only now when I am living,
or at least trying to live for others,
only now have I understood all the happiness of life.
『War and Peace』

남을 위한 생활

"지금에 와서야
나는 남을 위해서 생활하기 시작했습니다.
최소한 그렇게 하려고 노력하고 있습니다.
겨우 지금에 와서야
나는 인생의 행복을 완전히 깨달았습니다."

『전쟁과 평화』 중에서

The rational man can't be a bad man.
The wise man is always rational.
Therefore, grow the inner goodness
and deepen the rationality
by growing in love.

지혜와 이성

이성적인 사람은 악인이 될 수 없다.
지혜로운 사람은 언제나 이성적이다.
그러므로 사랑을 키움으로써
내부의 선을 기르고, 이성을 더 깊게 하라.

A person who does the following three things is wise.
First, he does himself the things that
he advises other people to do.
Second, he doesn't do the things which
runs counter to the truth.
Third, he bears faults of those around him.

현명한 사람

다음과 같은 세 가지를 하는 사람은 현명하다.
첫째, 다른 사람에게 하도록 권하는 일을 스스로 한다.
둘째, 진리에 위배되는 일은 하지 않는다.
셋째, 주위 사람들의 결점을 참아 준다.

The more a man is arrogant,
the more his position grows weak.
The more a man is humble,
the more his position grows strong.

자신의 위치

거만할수록
자신의 위치는 약해지고,
겸손할수록
자신의 위치는 튼튼해진다.

All we live shouldering our own burden.
However, we can't live without other people's help.
Therefore, we must help other people
by comforting and advising.

위로와 충고

사람은 누구나 자신만의 짐을 지니고 살아가나
다른 사람의 도움을 받지 않고는 살아갈 수 없다.
따라서 우리는 위로와 충고로 다른 사람을 도와야 한다.

A person often tries to establish himself
as a presence by finding fault with other people.
However, his own faults emerge by doing so.
The more he is wise and good, the more
he finds other's blessings.
However, the more he is foolish, the
more he finds other's faults.

결점

사람은 때때로 남의 결점을 파헤침으로써
자신의 존재를 돋보이려고 한다.
그러나 그렇게 하면 오히려 자신의 결점이 드러나게 된다.
총명하고 선량한 사람일수록 남의 좋은 점을 잘 발견한다.
그러나 어리석고 짓궂을수록 남의 결점을 찾는다.

We shouldn't judge
the person's character by his strengths.
We should judge
how to utilize his own strengths.

사람의 인품

사람의 인품은
그 사람의 장점을 통해 판단해서는 안 되며
그 사람이 자신의 장점을
어떻게 사용하고 있는가를 가지고 판단해야 한다.

The estimation about
how much better a man feel depends on
how free spiritually he is.
The more he doesn't persist himself, the more he feels free.

자신을 고집하지 않을수록

사람이 나아졌다고 하는 판단은
그 사람이 정신적으로 얼마나 자유로운가에 달려 있다.
자신을 고집하지 않을수록
그는 그만큼 자유로워지는 것이다.

It is impossible to exterminate the evil in this world
as if we can't change the weather and clear cloud away.
If we improve ourselves than to teach other people,
the evil in the world will decrease and
all people will live better lives.

더 나은 생활

우리가 날씨를 변화시키고 구름을 없애지 못하는 것처럼
이 세상의 악을 멸절시키는 것은 불가능하다.
다른 사람을 가르치기보다 우리 자신을 향상시킨다면
이 세상에 악은 줄어들 것이고
모든 사람이 더욱더 나은 생활을 하게 될 것이다.

Like it or not, a person cannot help establishing a relation
with other people.
He is connected with other people
by working and sharing knowledge and art works.
First of all, he is connected with other
people by a moral duty.

관계 맺는 삶

원하건 원치 않건
인간은 다른 사람들과 관계를 맺지 않을 수 없다.
인간은 일을 하고, 지식을 공유하고, 예술을 하면서
다른 사람들과 연결되어 있다.
무엇보다 도덕적 의무로 연결되어 있다.

If you want to complete yourself,
you should also establish a relation with other people well.
You can't improve yourself
without establishing a relation with other people
and affecting others or being affected by others.

다른 사람의 영향

자신을 완성시키려면 정신적으로는 물론
다른 사람과의 관계도 잘 맺어야만 한다.
다른 사람들과 교제하지 않고
또, 다른 사람에게 영향을 미치거나
영향을 받지 않고서는
자신을 살찌워 나갈 수 없다.

The more a person puts his heart and soul
and is thoughtful,
the more he finds sincere and true mind of other people.

정성과 마음

정성과 마음을 다하고
생각이 깊은 사람일수록
상대방에게서 정성과 진실한 마음을
더 잘 발견할 수 있다.

When you plant one, that you can harvest one is grain.
When you plant one, that you can harvest ten is a tree.
When you plant one, that you can
harvest one hundred is a person.
Xun Zi

일수 백확

일수 일확하는 것은 곡물이다.
일수 십확하는 것은 나무이다.
일수 백확하는 것은 사람이다.
순자 _중국 전국시대의 사상가

I think... if it is true that
there are as many minds as there are heads,
then there are as many kinds of love
as there are hearts.
『Anna Karenina』

사랑의 종류

"세상의 머릿수만큼이나
많은 이성이 있듯이
마음의 수만큼이나
사랑의 종류도 다양하다고 생각해요."
『안나 카레니나』 중에서

Don't think that courage depends
only on boldness and strength.
The greatest courage is to control anger
and to love a person who makes himself angry.
Persian proverb

가장 큰 용기

용기가 오로지 대담함과 힘에만
달렸다고 생각하지 마라.
가장 큰 용기는 화를 통제하고,
자신을 화나게 한 사람을 사랑하는 것이다.
페르시아의 지혜

The nature of thing is simple.
Wisdom is also simple.
The simple nature and wisdom bring love and respect.
There is nothing to make people feel friendly
between them like simplicity.

사물의 본질

사물의 본질은 단순하다. 지혜도 단순하다.
바로 이 두 가지,
단순한 본질과 단순한 지혜에서 사랑과 존경이 나온다.
단순함처럼 사람들 사이에
친밀감을 형성하는 것은 없다.

To hate brothers is like to hate oneself.
All we have the same spirits.
We must find 'true me' in all living things not alone.

진정한 나

형제를 미워하면 자신을 미워하는 셈이다.
우리 모두에게는 똑같은 영혼이 자리 잡고 있다.
진정한 '나'는 나 혼자가 아닌
모든 생명체에서 찾아야 한다.

There is only one thing that is worth
while devoting your life in this world.
That is to grow love between people
and to remove barrier between them.

장벽

당신의 일생을 바칠 가치가 있는 것은
이 세상에 단 하나밖에 없다.
그것은 사람들 사이에서 사랑을 더욱 증가시키고
그들 사이에 존재하는 장벽을 없애는 일이다.

The greatest ability and talent of a person is
meaningless and worthless without kindness.
Even terrible evil deeds can be easily forgiven
thanks to the kindness.

친절

사람의 가장 우수한 능력과 자질도
친절 없이는 무의미하고 가치가 없다.
심지어 심한 악행도,
친절함으로 쉽게 용서될 수 있다.

If you think that you should judge about your neighbor,
look him straight in the eye and tell him
about your judgement in the manner
not to earn his grudge.

누군가를 판단할 때

이웃에 대해 판단해야 할 것 같다면,
그를 정면으로 바라보면서,
원한을 사지 않도록 정중하게
당신의 판단을 그에게 말해 주어라.

04
가장 중요한 시간은 언제인가?

행복한 삶을 위한 다섯 가지 질문

Time doesn't exist.
Only a Moment exists.
And our whole life is in the moment.
Thus, we should exert our utmost skill in this moment.

일순간

시간이란 없다. 있는 것은 일순간뿐이다.
그리고 그 순간에 우리의 모든 생활이 있다.
따라서 우리는 이 순간에 할 수 있는
모든 것을 발휘하여야 한다.

Your act of the past will lay a burden on your future.
But if you devote yourself to nourish your soul,
you will can change the direction of life.

삶의 방향

지난날의 행위가 앞으로의 삶에 많은 부담을 줄 것이다.
그러나 계속해서 영혼을 살찌우는 데 정진하면
삶의 방향을 바꿀 수 있다.

It is good to pray at the same time each day.
If you cannot collect your thoughts, better not to pray,
because you should always pray with your heart,
not simply repeat words with your tongue.

기도

하루도 빠짐없이 기도하는 것이 좋다.
그러나 마음이 정리되지 않으면
기도하지 않는 편이 낫다.
왜냐하면 기도는 단순히 혀로 하는 것이 아니라
가슴으로 하는 것이기 때문이다.

The more a man is young and thoughtless,
he thinks that material and physical life is best.
The more a man is old and wise,
he thinks that spiritual life is best.

나이

나이가 어리고 생각이 짧을수록
물질적이고 육체적인 삶이 최고라고 여기는 법이며,
나이가 들고 지혜로울수록
정신적인 삶을 최고로 여기는 법이다.

Don't think about tomorrow.
There is only one way not to think about tomorrow.
That is to constantly think about
whether you have done perfectly the work of this time
and this moment.

이 순간

내일은 생각하지 않는 것이 좋다.
그러나 내일을 생각하지 않기 위해서는
하나의 방법밖엔 없다.
오늘 이 시간, 이 순간의 일을 훌륭하게 다했는가를
끊임없이 생각하는 것이다.

The body grows weak and old and dies over time.
However, the soul grows strong,
grows to maturity and is reborn.

시간이 지날수록

시간이 지날수록
육체는 약해지고, 늙고 죽어간다.
그러나 영혼은 강해지며,
성숙해지고 다시 태어난다.

If you remember more often the fact
that you cannot turn back past time and correct mistakes,
you can feel greater happiness in this moment.

흘러간 시간

흘러간 시간을 되돌릴 수 없고
실수를 바로잡을 수 없다는 사실을 더 자주 기억하면
당신은 지금 이 순간
더 큰 행복을 느낄 수 있다.

Life is short and we have never too much time
for gladdening the hearts of those
who are travelling the dark journey with us.
Oh be swift to love, make haste to be kind.
Henri Frederic Amiel

짧은 인생

인생은 짧다.
그러므로 어서 서둘러
당신과 함께하는 이들의 마음을
기쁘게 하도록 노력하라.
앙리 프레드릭 아미엘 _ 스위스의 작가

Live life here and now, if you don't,
you will be tormented by past or throw away future.
There is neither the past nor the future
in the time of your life.

현재에 충실한 삶

현재에 충실하지 않으면
과거로 인해 괴로워하거나 미래를 망칠 뿐이다.
과거는 이미 지나갔으며
미래는 아직 오지 않았으니
현재에 충실하게 살라.

It is not length of life, but depth of life.
Don't worry about the future, just live deeply today.
Ralph Waldo Emerson

길이가 아닌 깊이

중요한 것은
삶의 길이가 아니라 깊이다.
나중을 걱정하지 말고
현재의 삶에 최선을 다하라.

랠프 월도 에머슨 _미국의 사상가

A quiet secluded life in the country,
with the possibility of being useful to
people to whom it is easy to do good,
and who are not accustomed to have it
done to them; then work which one
hopes may be of some use; then rest,
nature, books, music, love for one's
neighbor-such is my idea of happiness.

조용한 시골

조용한 시골,
친절을 기대하지 않는 주민들에게 선을 베풀며 산다.
그리고 의미가 조금이라도 부여된 소일을 한다.
나머지는 휴식, 자연, 책과 음악,
그리고 이웃에 대한 사랑으로 사는 것이
내가 생각하는 행복이다.

To renounce a current little love for a future great love
is to deceive both oneself and others.
That is not love for others but love for oneself.

작은 사랑이라도

미래의 큰 사랑을 위해
현재의 작은 사랑을 포기한다는 말은
자신과 다른 사람을 모두 속이는 것이다.
그것은 남을 위한 사랑이 아니라
자신만을 위한 사랑이다.

The reason why you are not satisfied with
current life is that you are
looking for happiness in the wrong way.

행복 찾기

현재의 삶에 만족하지 못하는 이유는
엉뚱한 곳에서 행복을 찾기 때문이다.

Don't worry over the future.
Constantly worry about
how you can do your present work better.

미리 걱정하지 마라

내일 일을 미리 걱정하지 말고,
지금 하고 있는 일을 어떻게 하면 잘할 수 있을지
끊임없이 고민하라.

A common mistake that we make is
to believe that we cannot ask for happiness
that we want now in the current life.

지금 바라는 행복

우리가 흔히 저지르는 실수는
지금 바라는 행복을
현재의 삶에서는
구할 수 없다고 믿는 것이다.

Even if you are in a difficult condition,
the sooner you stand on your own ideas
for infinite completion of yourself, the better.

뜻을 세우는 시기

비록 처지와 형편이 어려울지라도
자신의 무한한 완성을 향하여 뜻을 세우는 시기는
빠를수록 좋은 법이다.

To make a pleasant life.
Don't moan over the matters already settled.
Don't be angry at a rash act.
Always seize the day.
Especially, don't hate people.
Leave the future up to God.

Goethe

기분 좋은 생활

기분 좋은 생활을 만들고 싶다면,
이미 끝난 일로 끙끙대지 말 것,
분별없이 한 언행에 화내지 말 것.
언제나 현재를 즐길 것.
특히 사람을 미워하지 말 것.
미래의 일은 신에게 맡길 것.

괴테 _독일의 시인

As I go to mountain path, I forget to relax.
As I sit down and relax, I forget to go.
I pull up a horse under the shadow of the pine
and listen to the sound of stream.
Even if some people who have been following
after me go ahead of me,
there is nothing to argue with
each other because we get in each other's way.
Song Ik-phil

산길을 가다 보면

산길을 가다 보면 쉬는 것을 잊고
앉아서 쉬다 보면 가는 것을 잊네.
소나무 그늘 아래 말을 세우고
짐짓 물소리를 듣기도 하네.
뒤따라오던 사람 몇이 나를 앞질러 가기로손
제각기 갈 길 가는 터 또 무엇이 다툴 것이랴.

송익필 _ 조선 시대의 유학자

There are some things which cannot be learned quickly,
and time, which is all we have,
must be paid heavily for their acquiring.
They are the very simplest things and
because it takes a man's life to know them the little
that each man gets from life is very costly and
the only heritage he has to leave.

Ernest Hemingway

일생을 두고 해야 하는 일

서둔다고 빨리 배워지지 않는 것들이 있다.
우리에게 있는 것은 시간뿐이지만
그것을 터득하기 위해서는 시간을 듬뿍 소비해야 한다.
간단한 지혜이기는 해도 그것을 배우려면
우리가 일생을 두고 해야 하는 일들이기 때문에
사람들이 새로 인생에서 얻게 되는 조그마한 지혜는
매우 귀중하며 인간이
남기고 가야 하는 유일한 유산이다.

어니스트 헤밍웨이 _미국의 소설가

There are 60minutes in an hour.
There are more than a thousand a day.
Don't forget, little baby.
People can do anything.
Goethe

하루

한 시간에는 1분이 60번 들어 있고,
하루에는 1000번이 넘게 들어있다.
잊지 마라.
사람은 무슨 일이라도 할 수 있다는 것을.

괴테 _독일의 시인

Growing old is God's blessing and
keeping youth is a life skill.
German prorerb

젊음과 늙음

늙는다는 것,
그것은 신의 은혜이고,
젊음을 잃지 않는다는 것,
그것은 삶의 기술이다.

독일 속담

Take time to laugh.
It is the music of the soul.

웃기 위한 시간

웃기 위해 시간을 내라.
웃음은 영혼의 음악이다.

Yesterday ended last night. Every day is a new beginning.
Learn the skill of forgetting.
Don't regret the past. It's too late for regrets.
And just love.
Keep away from all the memories. Don't say the past.
Just live in the light of love and cast everything else adrift.
Persian proverb

어제는 어제일 뿐

어제는 어젯밤에 끝났다. 오늘은 새로운 시작이다.
과거를 잊는 기술을 배워라.
지나간 일을 후회하지 마라.
후회한들 무슨 소용이 있는가?
그리고 오직 사랑하라.
모든 추억을 멀리하라. 과거를 말하지 마라.
오직 사랑의 빛 속에 살며,
그 외에 모든 것은 그저 흐름에 맡겨라.

페르시아의 지혜

You torture yourself with your past,
and in doing so spoil your future
because you are not busy enough in the present.
The past is over, the future does not yet exist,
there is only the present.

매 순간

당신은 과거로 스스로를 괴롭히고,
현재에 불충실하여 미래까지 망친다.
과거는 지나갔고 미래는 아직 오지 않았다.
있는 것은 현재뿐이다.

Free time is the irreplaceable property.
Socrates

한가로운 시간

한가로운 시간은
그 무엇과도 바꿀 수 없는 재산이다.
소크라테스 _고대 그리스의 철학자

Just as people have eyes to see the light with,
and ears to hear sounds with,
so they have hearts for the appreciation of time.
Michael Ende

시간을 느끼기

빛을 보기 위해 눈이 있고
소리를 듣기 위해 귀가 있듯,
시간을 느끼기 위해 가슴이 있다.
미하엘 엔데 _독일의 작가

Man says that he is not free because he has his fate.
However, his fate is already sealed
and he can act only in the present.
Thus, he is always free in the moment called 'present'.

운명

흔히 인간은 운명이라는 것을 가지고 있어서
자유롭지 못하다고 말한다.
하지만 운명은 이미 정해진 것이고
인간은 언제나 현재에서만 행동할 수 있다.
따라서 인간은 현재라는 그 순간에서 늘 자유롭다.

Time does not exist.
Only very small presents exist.
We live right in the present.

작은 현재

시간은 존재하지 않는다.
존재하는 것은 무한히 작은 현재뿐이다.
바로 그 속에서 생활이 이루어지고 있다.

Time is gold.
However, there is worthless a year and there is half an hour
that we can't do no matter how hard we try.
There are many kinds of time.

시간은 금이다

시간은 금이다.
그러나 한 푼의 가치도 없는 1년이 있는가 하면,
수만금을 쌓아도 마음대로 할 수 없는 30분이 있다.
시간에도 여러 종류가 있는 셈이다.

Time is in front of us and behind us.
It is not beside us.
When a person thinks about the past or the future,
he loses the most important current
true life from the moment.

과거와 미래

시간은 우리의 앞과 뒤에는 있지만, 우리의 옆에는 없다.
사람이 과거나 미래의 일만 생각하게 되면
그 순간부터 가장 중요한,
현재의 진짜 삶을 잃어버리게 된다.

God gave you a gift of 86400 seconds today.
Have you used one to say "thank you"?
William Arthur Ward

고맙습니다

신은 오늘 하루에만 8만 6,400초라는
시간을 선물로 주셨다.
그중 1초라도 "고맙습니다"라는
말을 하는 데 사용한 적이 있는가?
윌리엄 아더 워드 _미국의 작가

Every moment spent planning saves
three or four in execution.
Crawford H.Greenwalt

계획과 실행

계획을 위해 쏟은 한 시간은
실행에 옮겼을 때
서너 시간을 절약시켜 준다.
크로포드 H. 그린왈트 _미국의 화학기술자, 기업인, 조류학자

He who neglects the present moment
throws away all he has.
Friedrich von Schiller

짧은 순간

현재의 짧은 순간을 소홀히 하는 자는
그가 가진 전부를 내던지는 것이다.
프리드리히 폰 실러 _독일의 극작가, 시인

Today is the most important day in my life
and the day that decides all another day.
Michel Montaigne

오늘

오늘은 내 일생 중에서 가장 중요한 날이며
다른 모든 날을 결정해 주는 날이다.
미셸 몽테뉴 _프랑스의 철학자, 사상가, 수필가

It is only possible to live happily
ever after on a day to day basis.
Margaret W. Bonanno

영원한 행복

매일매일 행복하게 살다 보면
영원히 행복하게 사는 것도 가능해진다.
마가렛 W. 보나노 _미국의 작가, 출판편집인

Make good use of every minute that is entrusted your spirit.
Drink a glass of inspiration to the last drop and empty it.
Spring doesn't go on forever.
Henry David Thoreau

봄은 영원하지 않다

당신 영혼에 맡겨진 순간순간을 잘 활용하라.
영감(靈感)의 잔을 마지막 한 방울까지
마셔 비우도록 하라.
봄은 영원히 계속되지 않는다.
헨리 데이비드 소로 _미국의 사상가, 문학가

The present moment is obliged to be determined.
Write it on your heart that every day
is the best day in the year,
this time is a very good one and this
moment is a very good one.
The present is the only time you've got.
Ralph Waldo Emerson

소유할 수 있는 시간

현재의 한순간은 어쩔 수 없이 결정된 한때이다.
우리의 오늘이 1년 중에 가장 좋은 날이며,
지금 이 시간이 제일 좋은 시간이며,
지금 이 순간이
제일 좋은 순간이라는 것을 명심해야 한다.
현재만이 당신의 소유이므로.

랠프 월도 에머슨 _미국의 사상가

The seed grows into a huge tree over time
even if it is invisible to human sight in the soil.
Human thought also moves unseen.
The biggest event in human history is started like that.

씨앗

흙 속에 있을 때 씨앗은 눈에 보이지조차 않지만
시간이 가면서 거대한 나무로 자란다.
인간의 생각도 보이지 않게 움직인다.
인류 역사에서 가장 큰 사건은 그렇게 탄생했다.

Live everyday to the full.
Work as if you were to live forever.
Treat people as if you were to die today.

하루하루

하루하루를 열심히 살아라.
영원히 살 것처럼 일하고
당장 죽을 것처럼 사람들을 대하라.

Pierre was right when he said that
one must believe in the possibility of happiness
in order to be happy,
and I now believe in it.
Let the dead bury the dead, but while I'm alive,
I must live and be happy.
『War and Peace』

행복해질 가능성

"행복해지기 위해서는 행복해질 수 있다는 가능성을
믿어야만 한다고 말한 피에르가 옳았다.
이제 나는 그 말을 믿는다.
죽음이 죽음을 파묻게 놔두고,
생명이 있는 한 살아서 행복해져야 한다."

「전쟁과 평화」 중에서

Remember then: there is only one
time that is important-Now!
It is the most important time because it is the only time
when we have any power.
The most necessary man is he with whom you are,
for no man knows whether he will ever have dealings
with any one else:
and the most important affair is,
to do him good, because for that purpose alone
was man sent into this life!
『What Men Live by and Other Tales』

사람은 무엇으로 사는가

"기억하시오. 가장 중요한 시기란 '지금 이 순간' 뿐이라는 것을.
그것은 지금이라는 시간만이 우리 인간을
통제할 수 있기 때문이오.
그리고 가장 필요한 사람은
'지금 당신 옆에 있는 바로 그 사람'이라는 걸 명심하시오.
사람이 언제 어떻게 또 다른 누군가를 만나
게 될지 아무도 알 수 없는 일이기 때문이오.
마지막으로 가장 중요한 일이란
'타인에게 선행을 베푸는 일'이오.
오직 그것만이 인간이 세상에 태어나 살아가는
의미이기 때문이오."

「사람은 무엇으로 사는가」 중에서

Trust no Future, howe'er pleasant !
Let the dead Past bury its dead !
Act,-act in the living Present !
Longfellow

행동할 시기

미래를 신뢰하지 마라, 죽은 과거는 묻어버려라.
그리고 살아 있는 현재에 행동하라.
롱펠로우 _미국의 시인

A man's entire life, from birth until death, is
like a daily work that gets up in the morning
and goes to bed in the evening.

태어나서 죽을 때까지

태어나서 죽을 때까지의
인간의 전 생애를 살펴보면
아침에 일어나 저녁에 잠자리에 드는
하루 일과와 같다.

Think that your life ends soon and live a day.
You will feel the rest of the day like a present.
Life is death, death is to wake up.

선물

삶이 곧 끝나 버린다고 생각하며 살아라.
그러면 남은 시간이 선물처럼 느껴질 것이다.
삶은 죽음이요, 죽음은 깨어남이다.

Love is more important than any other thing.
However, we can't love in the past or future.
We can love at this moment, only in the present.

오직 현재

사랑은 다른 어떤 것보다 중요하다.
하지만 과거나 미래에 사랑할 수는 없다.
오직 현재,
지금 이 순간에만 사랑할 수 있다.

The older I grow, the better my memory becomes.
I remember unusually only the happy events
and often feel more pleasant
because of the memories not the present events.
What does this mean?
There are nothing the events of the past or the future.
All things are events of right now, right here.

이곳의 일

나는 나이를 먹을수록 기억이 또렷해진다.
이상하게 즐거웠던 일만 떠올라,
때로는 현재의 일이 아니라
그 기억들 덕분에 더 즐겁기도 하다.
이것은 무슨 의미인가?
과거나 미래의 일은 없다.
모든 것이 바로 지금, 이곳의 일이다.

A most dangerous temptation is the
temptation to prepare to live,
instead of living.
The future does not belong to you.
The only perfection necessary is perfection in love,
which can be reached only in the present.

가장 위험한 유혹

가장 위험한 유혹은
현재 제대로 살아가는 대신
앞으로 살아갈 준비를 하겠다는 것이다.
미래는 당신에게 속하지 않았다.
유일하게 완성해야 할 것은,
오직 현재에만 이뤄질 수 있는 사랑이다.

One hour of honest, serious thinking
is more precious than weeks spent in empty talk.

소중한 시간

정직하고 진지한 생각을 하며 보낸 한 시간은
공허한 이야기로 보낸 일주일보다
더 소중하다.

Everything that we do to make our existence secure
is like the act of the ostrich,
when she hides her head in the sand,
and does not see that her destruction is near.
But we are even more foolish than the ostrich.
To establish the doubtful security of an uncertain
life in an uncertain future,
we sacrifice a life of certainty in a present
that we might really possess.

우리에게 주어진 현재

삶을 한층 더 안락하게 만들려는 행동은
적을 보지 않으려고 자기 머리를 숨기는 타조와 같다.
우리는 타조보다 더 어리석게 행동한다.
미래의 의심스러운 어떤 것을 성취하기 위해
분명하게 주어진 현재를 망치고 있다.

People say that time is moving on.
But the moving thing is ourselves not time.
Life is so short that we cannot entertain
someone we love fully.
So be kind.

서둘러야 할 일

사람들은 시간이 흘러간다고 말하지만
움직이는 것은 시간이 아니라 우리다.
인생은 너무 짧다.
사랑하는 사람을 충분히 즐겁게 해 주지도 못할 만큼.
그러니 어서 서둘러 친절을 베풀라.

05
사람에겐 얼마만큼의 땅이 필요한가?

행복한 삶을 위한 다섯 가지 질문

I felt that in money, in money itself, in the possession of it,
there was something immoral.

돈을 소유하는 것

돈 속에, 돈 자체 속에,
그리고 돈을 취득하고 소유한다는 그 속에
무엇인가 비도덕적인 점이 있다.

Mercy that isn't accompanied
by self-sacrifice is the spurious mercy.

자비

자기희생을 동반하지 않는 자비는
거짓 자비다.

When commercial capital occupies a position
of unquestioned ascendancy,
it everywhere constitutes a system of plunder.
Karl Marx

상업 자본

상업 자본이 절대 권력의 위치를 차지하면
도처에서 약탈을 위한 조직이 생겨난다.
카를 마르크스 _독일의 철학자, 혁명가

The test of our progress is not whether we add more
to the abundance of those who have much;
it is whether we provide enough for
those who have too little.
Franklin Delano Roosevelt

발전의 기준

발전의 기준은,
부유한 사람들을 더욱 부유하게 하는 것이 아니라,
가난한 사람들을 풍요롭게 하는 데 있다.
프랭클린 델라노 루스벨트 _미국의 대통령

If one man has unnecessary property on his hands,
many other people live deficiently,
despite the need for their lives.

불필요한 것

한 사람이 불필요한 것을 잔뜩 안고 있다면
다른 많은 사람들이
필요한데도 부족한 생활을 하고 있는 것이다.

Not be who has little, but he who wishes for more, is poor.
Seneca

가난

가난은,
너무 적게 가진 사람을 두고 하는 말이 아니라,
더 많은 것을 바라는 사람을 두고 하는 말이다.

세네카 _**고대 로마의 철학자**

An intemperate habit is like the running
water under the house lot.
The house built on such place will collapse soon.

절제

절제하지 못하는 습관은
집터 아래로 흐르는 물길과도 같다.
그런 곳에 세워진 집은
머지않아 무너지기 마련이다.

What we have at this moment is the best.
If we want anything else, that is unnecessary greed.

지금 가진 것

지금 이 순간
우리가 가진 것이
가장 좋은 것이다.
그 외에 것을 바란다면
쓸데없는 욕심이다.

Property is like night soil.
If it piles up in one place, it stinks.
But if it spreads on the land widely,
it turns into fertilizer and nourishes the land.

재물은 분뇨와 같다

재물은 분뇨와 같다.
한곳에 쌓여 있을 때는 악취를 풍기지만
널리 뿌려지면 거름이 되어 땅을 기름지게 한다.

There are two ways to overcome poverty.
One is to become rich and the other is
to find satisfaction in small things.

가난에서 벗어나는 방법

가난에서 벗어나는 방법은
두 가지다.
하나는 부자가 되는 것이고
다른 하나는 작은 것에 만족하며 사는 것이다.

If you simplify food, clothing and shelter,
you will be able to live freely.
But if you just pursue comforts and pleasures of life,
you will be always full of worries and cares.

의식주를 간소하게

의식주를 간소화하면
자유롭게 살 수 있다.
반면 생활의 안락함과 즐거움만 추구하면
걱정과 근심이 끊이지 않는다.

A man who thinks that his own abilities cannot
accomplish happiness is always unhappy.
Remember that happiness is always within reach of you.

행복은 늘 곁에

자기 힘으로 이룰 수 없는 것을
행복이라고 생각하는 사람은
언제나 불행하다.
행복은 언제나 당신의 힘이
미치는 곳에 있음을 기억하라.

A man who lives life that his own
body wants is like a servant
who spends money that his master gave him
to buy the necessaries without thinking.

몸이 원하는 대로

몸이 원하는 대로 사는 사람은
주인이 필요한 물건을 사라고 준 돈을
아무 생각 없이 써 버리는 하인과 같다.

What you need is easy to find,
but what you don't need is hard to find.

필요한 것과 필요 없는 것

자신에게 꼭 필요한 것은
쉽게 구할 수 있다.
그러나 필요 없는 것은
구하기 어려운 법이다.

Excessive wealth disturbs movement of your spirit
as many clothes disturb your movement.
Demophil

옷을 가볍게

무거운 옷은
움직임을 둔하게 하듯,
지나친 재물은
영혼의 활동을 방해한다.
데모필 _고대 그리스의 철학자

Only a person who feels that happiness
that money brings him is imperfect
can taste happiness that love brings him.

사랑이 주는 행복

물질이 주는 행복만으로는
불완전하다고 느끼는 사람만이
사랑이 주는 행복을 맛볼 수 있다.

A simple meal that you eat after
working hard is more delicious
than a great meal of a rich person.

소박한 음식

열심히 일한 뒤에 먹는 소박한 음식은
부자의 진수성찬보다 맛있다.

How sad it is!
The greatest hazard of all, losing one's self,
can occur very quietly in the world,
as if it were nothing at all.
No other loss can occur so quietly;
any other loss-an arm, a leg, five dollars, a wife,
etc.-is sure to be noticed.
Kierkegaard

아무렇지 않은 일

얼마나 슬픈 일인가.
자기 상실처럼 엄청난 일은
아무 일도 아닌 것처럼
그냥 지나쳐 버릴 수 있으면서,
팔다리나 5달러, 부인을 잃는 등의 손실은
확연하게 느낀다는 사실이.

키에르케고르 _덴마크의 철학자

To have what we want is a great happiness.
But not to want what we don't have is a greater happiness.
Menedemos

현명한 소원

원하는 것을 소유할 수 있다면
그것은 커다란 행복이다.
하지만 그보다 더 큰 행복은
우리가 갖고 있지 않은 것을 원하지 않는 것이다.
메네데모스 _고대 그리스 철학자

Overeating is not good like other sins too.
But we often overlook the fact.
Because most of us are committing a crime.

과식

과식 역시 다른 죄악과 마찬가지로 좋지 않다.
그런데 우리는 그런 사실을 간과하곤 한다.
대부분이 그 죄를 범하고 있기 때문이다.

If you want to live a free and happy life,
do not seek superfluities, like wealth or luxury,
but try to make due with only the necessary.
The more you satisfy your body's demands,
the weaker your spiritual force becomes.

행복하고 싶다면

자유롭고 행복하게 살고 싶다면
부나 화려함같이 없어도 될 것을 찾지 말고
꼭 필요한 것만 소유하라.
육체의 욕구를 들어줄수록 영혼의 힘은 약해진다.

People are upset when they lost the purse with money.
However, even if they forget the ideas
that comes to their mind and good ideas from other people,
they don't grudge losing their more
valuable spiritual wealth than gold.

정신적 재산

돈이 든 지갑을 잃어버렸을 때
사람들은 속상해한다.
그러나 머릿속에 떠오른 생각, 다른 사람에게서 들은
좋은 사상 등은 잊어버려도,
황금보다 귀한 정신적 재산을 잃는 것을
깨닫고 아까워할 줄 모른다.

Being young is not having any money
: being young is no minding not any money.
Katherine Whitehorn

젊다는 것

젊다는 것은 돈이 없다는 것이다.
그리고 젊다는 것은 또한,
돈이 없더라도 개의치 않는 것이다.

캐서린 화이트혼 _영국의 작가

Yes! All is vanity, all falsehood, except that infinite sky.
There is nothing, nothing, but that.
But even it does not exist, there is
nothing but quiet and peace.
『War and Peace』

허영심

"맞아! 그건 다 허영심에서 오는 거야.
끝없는 하늘을 제외하곤 모든 것이 환상이지.
아무것도 없다고. 정말로 아무것도.
아무것도 없는 정도가 아니라
오직 정적과 평화만 있을 뿐이야."
『전쟁과 평화』 중에서

A person who thinks that mind is the more important
than wealth knows that all suffering
he undergo leads him to his goal
towards completion he wants.
His suffering loses the bitterness and
becomes sweet happiness.

고통의 달콤함

물질보다 정신을 중히 여기는 사람은
그가 겪는 모든 고통이 그를 자신이 원하는
'완성'을 향한 목표 지점으로 다가가게 함을 느낀다.
그런 사람에게는 고통도
그 쓴맛을 잃고 달콤한 행복이 된다.

We can feel pure happiness
through the support and sharing for our neighbor.
The base of this world in which people
live together is the sharing.

나눔

순수한 행복은 이웃에 대한 봉사와 나눔에서
맛볼 수 있다.
사람과 사람이 모여 사는 이 세상의 기초는
바로 나눔에 있다.

Don't think that you are merciful
when you give the things left or
even the precious things to poor people.
True love grows when you make their rooms in your mind.

참된 사랑

가난한 사람에게 쓰고 남은 것들을 줄 때나
자신의 소중한 것을 줄 때라도
베푼다고 생각하지 마라.
참된 사랑은 거기서 더 나아가
마음속에 그들의 자리를 만들어 줄 때 생긴다.

A person who has more land
than the necessary land to support his family
can be considered the criminal
who commits the crime that impoverishes other people.

부

자기 가족을 부양하는 데 필요한 것보다
더 많은 토지를 소유하고 있는 사람은
다른 사람들의 가난을 초래하는
범죄를 저지르는 자로 여겨질 수 있다.

The good deed for benefit of other people
removes selfish life as if the fire melts a whole candle.

촛불

불이 초를 모두 녹여 버리듯,
다른 사람들의 이익을 위한 선행은
이기적인 삶을 없애 버린다.

Only after the last tree has been cut down,
Only after the last river has been poisoned,
Only after the last fish has been caught,
Only then will you find that money cannot be eaten.
Cree Indian proverb

돈을 먹고살 수 없다

마지막 나무가 베어져 나가고,
마지막 강이 더렵혀지고,
마지막 물고기가 잡힌 뒤에야 그대들은 깨달으리라.
돈을 먹고살 수 없다는 것을.
크리족 인디언의 격언

The sky, land and atmosphere are all ours.
They can't be the object of possession.

하늘과 땅

하늘과 땅, 그리고 대기는 우리 모두의 것입니다.
그것은 소유의 대상이 될 수 없습니다.

We don't praise poverty.
We just praise a person who rises above poverty.

가난에 굴하지 않는 사람

우리는 가난을 예찬하지는 않는다.
다만 가난에 굴하지 않는 사람을 예찬할 뿐이다.

The great teacher of humanity, Socrates,
tried to repudiate all extravagance.
He asked his students not to try to eat tasty food
because the food has only to satisfy their hunger and
they followed his teaching.

사치 물리치기

위대한 인류의 스승인 소크라테스는
모든 사치를 물리치려고 힘썼다.
그는 음식이란 단지 배고픔을 없앨 정도면 충분하므로
굳이 맛있는 음식을 먹으려 하지 말라고
제자들에게 당부했고
제자들은 그의 가르침에 따랐다.

Don't covet anything for yourself.
Don't require anything.
Don't change your mind.
Don't envy anything.
Your destiny and future must always be the unknown.

미지의 것

자기 자신을 위해서 무엇이든 탐내지 말라.
구하지 말고,
마음이 움직이지 말고,
부러워하지 마라.
네 운명과 장래는 항상 미지의 것이어야 한다.

A great obstacle to happiness is to
expect too much happiness.
B. Fontanelle

행복의 장애물

행복을 얻는 데 가장 큰 장애가 되는 것은
더 큰 행복을 바라는 마음이다.
B. 퐁트넬 _프랑스의 계몽사상가, 문학가

People set a goal to get a higher position,
more pay and bigger wealth and honor
and dedicate their lives to it.
However, joy of life is started from
conversations with others.

대화

사람들은 더 높은 지위, 더 많은 월급,
더 큰 부와 명예를 목표로 삼고
그것을 위해 인생을 바친다.
하지만 인생의 기쁨은
다른 사람들과 대화하는 데서 시작된다.

Wealth is burdensome in life, not poverty.
Give much more to others and ask less of oneself.

남들에게 더 많이 주기

인생에서 부담스러운 것은
가난이 아니라 부이다.
남들에게 더 많이 주고
스스로에게는 덜 요구하라.

All good things are cheap: all bad are very dear.
Henry David Thoreau

참으로 좋은 물건

참으로 좋은 물건은 값이 싸고,
해로운 물건은 모두 비싸다.
헨리 데이비드 소로 _미국의 철학자, 시인

It is sad that you have no money.
But it is sad two times that you have money to burn.

슬픈 일

돈이 없는 것은 슬픈 일이다.
하지만 남아도는 것은 그 두 배나 슬픈 일이다.

We should be content with a little in life.
The less you expect, the less trouble you have.

작은 것에 만족

우리는 살아가는 데 있어서
작은 것에 만족해야 한다.
기대가 적으면 적을수록
어려움을 더욱 적게 겪을 수 있다.

The more a person limits himself,
the better he can understand his human dignity,
and the more free, the more brave he becomes.

욕망을 줄일수록

사람은 욕망을 줄이면 줄일수록,
자신의 인간적인 존엄을 더 잘 이해할 수 있고,
더욱 자유롭고 용감해진다.

People strive in this world, not for those things
which are truly good,
but for the possession of many things
which they call their property.

소유의 기준

사람들은 참으로 좋은 것들을 위해서가 아니라
그들이 재산이라고 부를 수 있는 많은 것들을
소유하기 위해
이 세상에서 고군분투하고 있다.

The notion that property brings
a person happiness is a big mistake.
He who doesn't share even unnecessary things
and is grabbing them is worse than a man
who steals things he needs to survive.

움켜쥐고 있는 사람

재산이 행복을 가져다준다는 것은
얼마나 큰 착각인가.
자기에게 불필요한 것까지도
나눌 생각 없이 움켜쥐고 있는 사람은
살기 위해 필요한 것을 훔치는 사람보다
더 나쁘다.

A belief in fabulous wealth makes a life easy is
like the thought that it is easier to walk with a burden.

큰 부자

큰 부가 삶을 쉽게 만든다는 믿음은,
짐을 지고 걷는 일이 더 쉽다는 생각과도 같다.

Ten people who have good manners
can spend a night comfortably with
only blankets in a small room.
However, the two rich will cannot bear
with each other even in a house with ten rooms.

예의 바른 사람

예의 바른 사람 열 명은
조그만 방에서 담요만 덮고도
편안히 하룻밤을 잘 수 있다.
하지만 부자는 둘만 모여도
방 열 개짜리 저택에서조차
서로를 참지 못할 것이다.

We often think that we are teachers
who teach other people.
However, we must always become students.
If you are finding a role model of life,
find a simple and humble person.
A really great person is among such people.

언제나 학생

자기 자신이 다른 사람들을 가르치는
선생이라 생각하는 경우도 있지만
언제나 우리는 학생이 되어야 한다.
인생의 롤모델을 찾고 있다면
단순하고 겸손한 사람으로 찾으라.
진정 위대한 사람은 그런 이들 속에 있다.

People believe that their lives started at only money.
They are terrible slaves to money.

물질의 노예

자신의 삶이 돈에서만 시작되었다고 믿는 사람은,
심각한 돈의 노예다.

when they live a moderate life.

절제하는 생활

사람들은 절제하는 생활을 할 때만
부족함도 없고 질투도 없이
살아갈 수 있다.

If people who try to build a fortune can realize
what they lose by building a fortune,
they will try to forsake the riches as
they try to build a fortune.

재산을 얻을 때 잃는 것

재산을 모으려고 애쓰는 사람들이
재산을 얻음으로써 자기가 무엇을
잃는지 깨달을 수만 있다면,
그들은 재산을 얻으려고 애쓰는 그만큼의 노력을
그 재산을 버리기 위해 쏟을 것이다.

For those who live a spiritual life,
wealth is not only unnecessary but uncomfortable.
It stops the development of one's real life.

불편한 진실

정신적 삶을 살아가는 사람들에게는
재산이 불필요한 것일 뿐만 아니라
불편한 것이기도 하다.
그것은 사람의 진정한 삶의 발전을
멈추게 한다.

톨스토이처럼 생각하고 행동하라

초판1쇄 발행 | 2015년 4월 9일

지은이 | 레프 톨스토이
엮은이 | 별글콘텐츠연구소

펴낸이 | 김은주
책임편집 | 조연혜
편집 | 정난희
영문편집 | 이나래
마케팅 | 이삼영

인쇄 | (주)길훈씨앤피

펴낸 곳 | 별글
홈페이지 | http://blog.naver.com/starrybook
주소 | 경기도 고양시 덕양구 오금로7 신원마을 3단지 305동 1404호
전화 | 070-7655-5949
팩스 | 070-7614-3657
등록번호 | 128-94-22091(2014년 1월 9일)

ⓒ별글콘텐츠연구소, 2015

ISBN 979-11-952143-6-5 14030

※이 책은 저작권법에 따라 보호를 받는 저작물이므로 무단 전재와 무단 복제를 금지하며, 이 책 내용의 전부 또는 일부를 이용하려면 반드시 저작권자와 별글 출판사의 서면 동의를 받아야 합니다.

※책값은 뒤표지에 있습니다.
※잘못된 책은 바꾸어 드립니다.

※이 도서의 국립중앙도서관 출판예정도서목록(CIP)은 서지정보유통지원시스템 홈페이지(http://seoji.nl.go.kr)와 국가자료공동목록시스템(http://www.nl.go.kr/kolisnet)에서 이용하실 수 있습니다. (CIP제어번호 :CIP2015007910)

※별글은 독자 여러분의 책에 대한 아이디어와 원고 투고를 기다리고 있습니다. 책 출간을 원하시는 분은 이메일 starrybook@naver.com으로 간단한 개요와 취지, 연락처 등을 보내주세요.

세상에는 많은 이야기가 있습니다.

별글은

지친 마음에 손 내미는 이야기,

힘든 순간에 용기를 주는 이야기,

막막한 길에서 희망을 건네는 이야기,

외로울 때 사랑을 전하는 이야기,

어두운 세상을 별처럼 아름답게 물들이는

이야기만을 전하겠습니다.

'별글'은 별처럼 빛나는 이야기란 뜻입니다.